First Picture Dictionary
Animals

Pierwszy słownik obrazkowy
Zwierzęta

Pig
Świnia

Rabbit
Królik

Butterfly
Motyl

Fox
Lis

Illustrated by Anna Ivanir

www.kidkiddos.com
Copyright ©2025 by KidKiddos Books Ltd.
support@kidkiddos.com

All rights reserved. No part of this book may be reproduced in any form or by any electronic or mechanical means, including information storage and retrieval systems, without written permission from the publisher, except in the case of a reviewer, who may quote brief passages embodied in critical articles or in a review.
First edition, 2025

Library and Archives Canada Cataloguing in Publication
First Picture Dictionary – Animals (English Polish Bilingual edition)
ISBN: 978-1-83416-684-1 paperback
ISBN: 978-1-83416-685-8 hardcover
ISBN: 978-1-83416-683-4 eBook

Wild Animals
Dzikie zwierzęta

Lion
Lew

Tiger
Tygrys

Giraffe
Żyrafa

✦ A giraffe is the tallest animal on land.
✦ Żyrafa jest najwyższym zwierzęciem na lądzie.

Elephant
Słoń

Monkey
Małpa

Wild Animals
Dzikie zwierzęta

Hippopotamus
Hipopotam

Panda
Panda

Fox
Lis

Rhino
Nosorożec

Deer
Jeleń

Moose
Łoś

Wolf
Wilk

✦ A moose is a great swimmer and can dive underwater to eat plants!

✦ *Łoś jest świetnym pływakiem i potrafi nurkować pod wodą, aby jeść rośliny!*

Squirrel
Wiewiórka

Koala
Koala

✦ A squirrel hides nuts for winter, but sometimes forgets where it put them!

✦ *Wiewiórka chowa orzechy na zimę, ale czasem zapomina, gdzie je schowała!*

Gorilla
Goryl

Pets
Zwierzęta domowe

Canary
Kanarek

Guinea Pig
Świnka morska

✦ *A frog can breathe through its skin as well as its lungs!*
　✦ *Żaba potrafi oddychać zarówno przez skórę, jak i płuca!*

Frog
Żaba

Hamster
Chomik

Goldfish
Złota rybka

Dog
Pies

✦ *Some parrots can copy words and even laugh like a human!*

✦ *Niektóre papugi potrafią powtarzać słowa, a nawet śmiać się jak człowiek!*

Parrot
Papuga

Cat
Kot

Animals at the Farm
Zwierzęta na farmie

Cow
Krowa

Chicken
Kura

Duck
Kaczka

Sheep
Owca

Horse
Koń

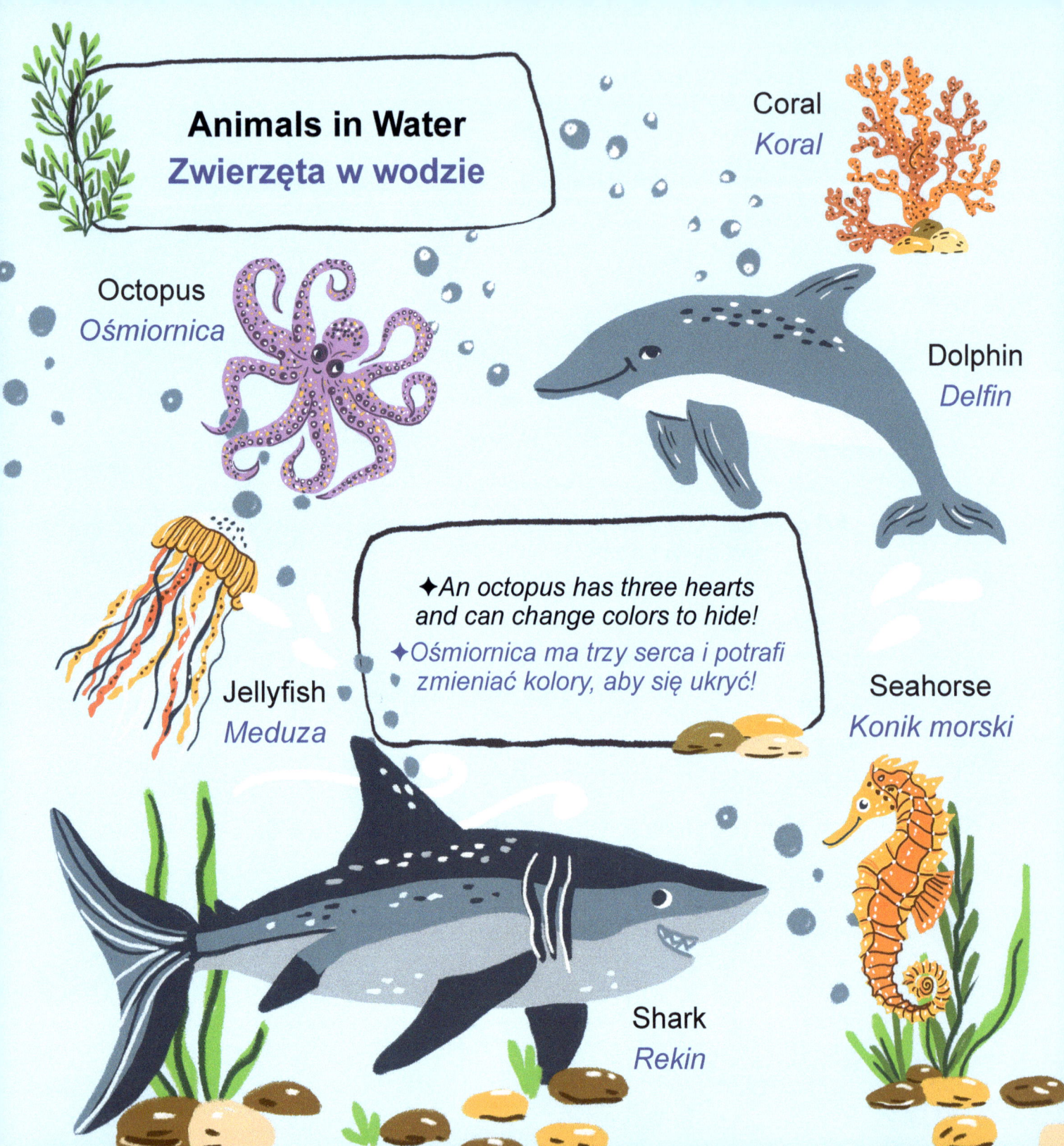

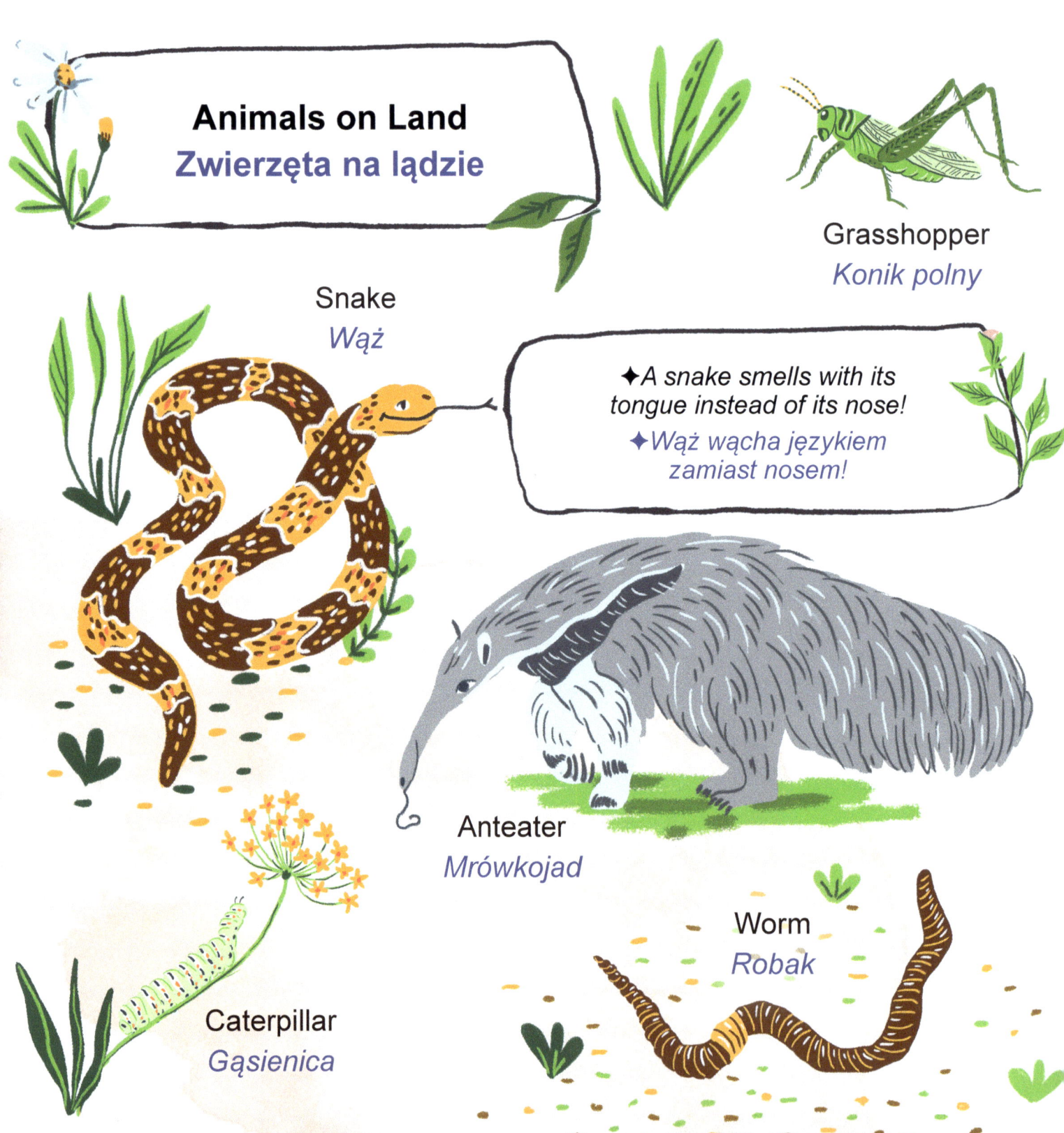

Badger
Borsuk

Porcupine
Jeżozwierz

Groundhog
Świstak

✦ A lizard can grow a new tail if it loses one!
✦ Jeśli jaszczurka straci ogon, odrasta jej nowy!

Lizard
Jaszczurka

Ant
Mrówka

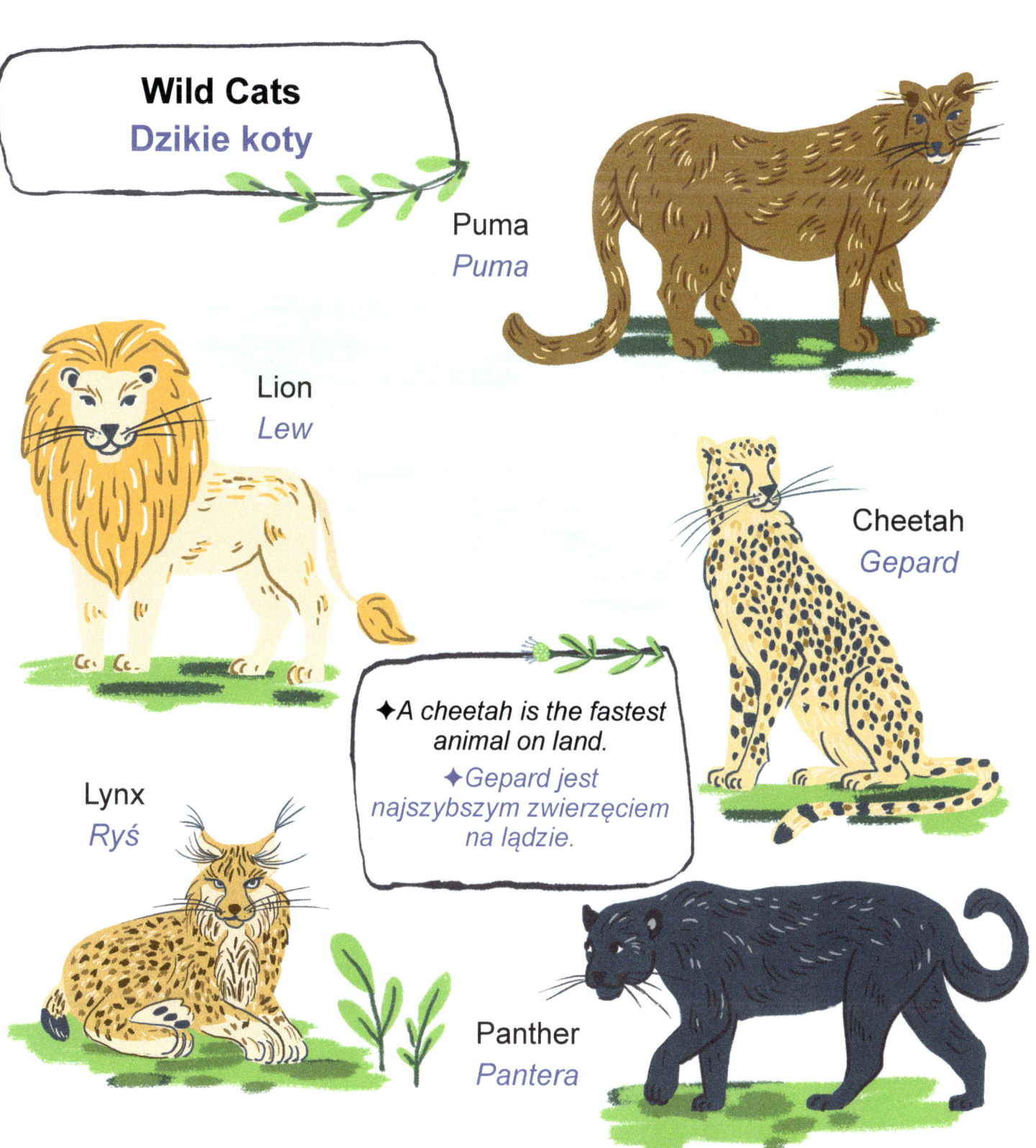

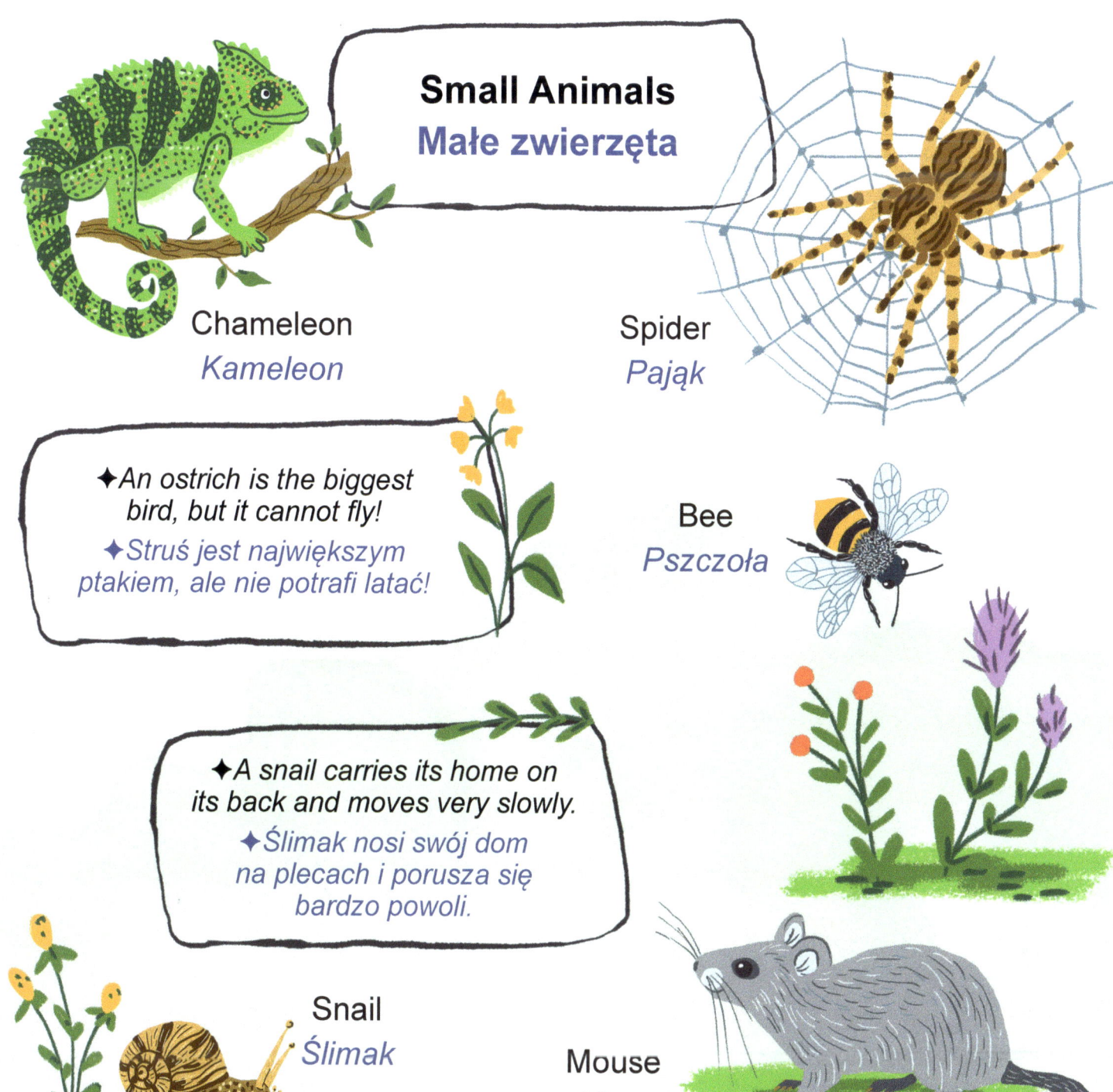

Quiet Animals
Ciche zwierzęta

Ladybug
Biedronka

Turtle
Żółw

✦ *A turtle can live both on land and in water.*
✦ *Żółw może żyć zarówno na lądzie, jak i w wodzie.*

Fish
Ryba

Lizard
Jaszczurka

Owl
Sowa

Bat
Nietoperz

✦An owl hunts at night and uses its hearing to find food!
✦*Sowa poluje nocą i używa słuchu, aby znaleźć jedzenie!*

✦A firefly glows at night to find other fireflies.
✦*Świetlik świeci nocą, aby znaleźć inne świetliki.*

Raccoon
Szop

Tarantula
Tarantula

Colorful Animals
Kolorowe zwierzęta

A flamingo is pink
Flaming jest różowy

An owl is brown
Sowa jest brązowa

A swan is white
Łabędź jest biały

An octopus is purple
Ośmiornica jest fioletowa

A frog is green
Żaba jest zielona

✦ A frog is green, so it can hide among the leaves.
✦ *Żaba jest zielona, więc może się ukryć wśród liści.*

A polar bear is white
Niedźwiedź polarny jest biały

A fox is orange
Lis jest pomarańczowy

A koala is grey
Koala jest szara

A panther is black
Pantera jest czarna

A chick is yellow
Pisklę jest żółte

Animals and Their Babies
Zwierzęta i ich młode

Cow and Calf
Krowa i cielę

Cat and Kitten
Kot i kocię

✦ *A chick talks to its mother even before it hatches.*
✦ *Pisklę rozmawia ze swoją matką jeszcze zanim się wykluje.*

Chicken and Chick
Kura i pisklę

Dog and Puppy
Pies i szczeniak

Butterfly and Caterpillar
Motyl i gąsienica

Sheep and Lamb
Owca i jagnię

Horse and Foal
Koń i źrebię

Pig and Piglet
Świnia i prosię

Goat and Kid
Koza i koźlę

www.ingramcontent.com/pod-product-compliance
Lightning Source LLC
LaVergne TN
LVHW072057060526
838200LV00061B/4763